Tips Bywyd

Maggi Noggi

GLITZ, GLAM A BRECHDAN JAM

Cyhoeddwyd gyntaf yn 2019 gan
Wasg Gomer, Llandysul, Ceredigion SA44 4JL

www.gomer.co.uk

ISBN 978 1 78562 311 0

ⓗ y testun: KJ Hughes, 2019 ©
ⓗ y lluniau: Kristina Banholzer 2019 ©

Mae Maggi Noggi wedi datgan ei hawl dan
Ddeddf Hawlfreintiau, Dyluniadau a Phatentau 1988
i gael ei chydnabod fel awdur y llyfr hwn.

Cyhoeddwyd gyda chymorth ariannol
Cyngor Llyfrau Cymru.

Argraffwyd a rhwymwyd yng Nghymru gan

Wasg Gomer, Llandysul, Ceredigion.

Tips Bywyd

Maggi Noggi

GLITZ, GLAM A BRECHDAN JAM

Lluniau gan

Kristina Banholzer

Gomer

Haia, Cywion Bach ...

Ma pawb isio gwbod sut dwi wastad yn edrych mor hymdigeifrys, a pam bo fi wastad mor lloerig o lawen ... felly o'ddwn i'n meddwl bod hi'n hen bryd i fi rannu fy nghyfrinacha efo chi.

Felly gwnewch banad a brechdan jam a steddwch yn rwla braf ... a gewch chi fwynhau'r perlau doeth a'r top tips ar y tudalenna nesa. Erbyn diwadd y llyfr fyddwch chi hefyd yn medru byw bywyd ffabiwlys fatha fi!!

A cofiwch, dio'm ots pa mor gachlyd ydi'ch dwrnod chi ... taflwch ddigon o gliter drosto fo ac mi fydd pob dim yn ... wel ... ffabiwlys, cariad!

Twdlw a mwa!

Maggi xx

A jyst rhag ofn bo chi 'di bod yn cuddio dan ryw garreg ers blynyddoedd ...

Maggi Noggi dwi, o Fferm Noggi, yma yn Llanfair Mathafarn Eithaf, ar Ynys Môn. Dwi'n unig ferch i Bobbi Noggi o Fôn, a Mammi Noggi o Gaernarfon. Felly dwi'n hannar Cofi dre a hanner Mochyn Môn, sy'n golygu mod i lond fy nghroen efo ceg fatha llongwr.

TIPS CYMORTH CARIAD
BACHU

*C*ofiwch wisgo'n glam, yntê, i ga'l tynnu dyn! Ma isio gneud ymdrech, 'ndoes? *Blitz the glitz,* dduda i! Ma gen i ffrog *vintage* Ethel Austin fedrith 'run dyn ei resistio!

*T*rïwch eich gora i fod yn ddel. Ma gan bawb hawl i fod yn hyll, ond ma rhai yn abiwsho'r hawl yna hefyd, yntê.

DYNION

*C*ŵn! Dyna be ma pobl yn galw dynion ffrisgi, yntê!

Hy! Ma ci yn ffyddlon, neith o byth dy adael di … ac mae o'n medru llyfu ei *balls* ei hunan!

Y ffordd ora i galon dyn? Strêt trwy'i gefn o efo bwyall! (Jôc 'di hynna, ofs!)

SECS

*F*edra i ddim gneud efo secs yn para mwy na ryw 7 munud, rarglwydd mawr, na! Dwi'n hogan brysur!

A rŵan ma bywyd merched wedi'i neud yn anoddach fyth gan bo chi'n medru prynu Viagra dros y cownter!!! Mam bach! Cadw chi fynd am 6 awr – dyna mae o'n ddeud ar y bocs! 6 awr? Fedrwch chi wylio trilogy *Lord of the Rings* mewn 6 awr! Neu fedrith o fflio drosodd i blydi Efrog Newydd a chal secs efo rhywun arall yn yr amsar yna, myn uffar i!!

CARIAD

Cofiwch rŵan, y gwahaniaeth rhwng cariad a herpes ydi … ma herpes yn para am byth!

Ma cariad fatha rhech, yn tydi? Os ti'n gorfod fforsho fo – mae o'n gachu!

PRIODAS

Dach chi'n gwbod be, gariadon bach annw'l, 'sna'm pwynt priodi, nag oes? Pam prynu llyfr pan fedrwch chi fynd i lawr i'r llyfrgell, yntê?

*Y*n fy mhrofiad i, ma priodas fatha dec o gardiau: i ddechra ma'n llawn *diamonds* a chalonnau, ac ar ôl tair blynedd dach chi isio clwb a rhaw!

A'r ffordd ora o osgoi dod yn feichiog? Cadw'r gola 'mlaen.

I edrych ar eich gora, gwisgwch wên enfawr, gliter a'r Ddraig Goch.

TIPS COLLI PWYSA

HMM …
GOFYNNWCH I RYWUN ARALL

Dwi'n hogan fawr erioed, yntê. O'ddwn i'n rhy *big boned* i gael fy medyddio yn y capel – o'dd rhaid iddyn nhw fynd â fi i Sw Môr Brynsiencyn!

Os 'di'r corff i fod yn deml, ma 'na ddigon o le i barcio rownd cefn fy nheml i!

Ond fel o'dd Mam yn arfar deud wrtha i … ma 'na fwy ohona fi i lyfio, 'ndoes? Felly dwi'm yn poeni lot …

'**M**hroblam i ydi, fydda i'm yn gadael diawl o ddim byd ar y plât, ddim hyd yn oed y patrwm!

YMARFER CORFF

*A*chos ma'n bwysig cadw'n iach, yn tydi …?

Ar ôl bod yn Slimming Planet efo genod y Wawr, fuon ni'n dathlu draw yn Krispy Fried Chicken a nathon ni benderfynu dechra rhedag … trystiwch fi – nath o ddim gorffan yn dda! Ddath hen broblem Blodwen i'w phoeni (y bledren eto, graduras), ac mi nath hi golli control yn gyfan gwbl, druan â'r hen Jaman! Sa 'di bod yn iawn tan i Delyth lithro ynddo fo!

*O*s dach chi'n gweld fi allan yn rhedag, a dwi'n ignorio chi, peidiwch â phwdu – dwi jyst yn trio peidio marw!

*N*esh i drio neud aerobics unwaith. Argian, yr holl neidio o gwmpas yna! Dwi'm 'di ca'l fy nghreu i neud ffasiwn betha! Ddoish i allan o'r *gym* efo dwy lygad ddu ar ôl y star jymps 'na! Difrifol!

*D*wi'n ffeindio bod mynd i redag yn Rhyl yn effeithiol. Ma'r bygythiad o gael fy myrdro yn lwmp o motifeishyn!

TIPS HARDDWCH
COLUR

Mae o'n berffaith wir na fedrith arian brynu hapusrwydd, ond mi fedrith o brynu colur!

Cofiwch rŵan, ma Maggi yn hanner Cofi Caernarfon a gen i ma'r tips coluro gora … *I mean*, sbïwch arna i, cariadon bach! Maggi sy 'di rhoid y cont yn *contouring*!

Cofiwch fod lliwau tywyll yn symud petha am yn ôl a lliwau gola yn tynnu petha 'mlaen, ac ar ddiwadd y dydd ma lwmp o *cleavage* yn mynd i dynnu unrhyw ddyn a'i droi o 'mlaen!

TOP TIP

MAGGI

TOP TIP

Cofiwch neith gliter guddio unrhyw bechod!

GWEFUSAU

Peidiwch â phrynu hen lipstic drud. Dach chi mond angen pot o Vaseline a gliter a dach chi awê.

LLYGAID

*E*fo blew eich amrannau (*eyelashes* i chi a fi, yntê?) a'ch *eyeshadow*, yntê ... wel, jyst ewch amdani! Dim o'r rwtsh *less is more* gwirion 'ma!

*O*s dach chi ddim yn siŵr, jyst taflwch fwy o gliter ato fo bob tro!

GWALLT

*D*wi ddim yn licio **lliw** gwallt ffug …

… mond **gwallt** ffug!

BŴBS

A *last but not least*, wrth gwrs … bŵbs!

'*B*ra ci defaid' ydi'r boi – y steil sy'n rowndio nhw i fyny a'u pwyntio nhw yn y cyfeiriad iawn. 'Run fath â dynion, dach chi isio i angl y dangl fod yn iawn, yn tydach?!

*M*eddyliwch – yr Wyddfa *meets* Cader Idris.

O'dd rhaid neud rwbath, yntê. Es i draw i siop Ann yr Haf i gael ffiting am fra newydd, ac ar ôl fy mesur i nathon nhw 'ngyrru fi i Gwmni Sgaffaldia Sam yn Gaerwen! *Cheek*!

TIPS FFASIWN A STEIL
DILLAD FFABIWLYS!

Rŵan 'ta – dyma'r tips gora i chi ar gyfer ffasiwn a steil. O, tydi pobl yn poeni, dwch, am ffasiwn betha? Wel, gan Maggi ma'r atebion … a chofiwch – bod yn ffabiwlys sy'n bwysig, a chredu'ch bod chi'n ffabiwlys!

Dwi'n teimlo 'run fath am ddillad a sgidia ag ydw i am fwyd – dwi isio'r cwbl lot!

Dwi 'rioed yn fy mywyd 'di cael ffashiyn *faux pas*, nac unrhyw ddisastyr. Ma pawb yn pwyntio a gwneud nada pan dwi'n mynd heibio. Ma hynna'n deud popeth, yn tydi, cywion bach?

*C*ofiwch orwisgo! *More is more,* yntê,
cariadon bach … dyna dwi'n ddeud!

*D*im ond dau beth dach chi angen i sortio unrhyw broblem steil neu ffasiwn … Duct Têp a WD40. Dyma fy 'nhŵls!

*O*s 'dio ddim yn symud a ddylia fo symud, WD40 neith y job. Os dio'n symud a ddylia fo ddim, Duct Têp amdani.

SGIDIA FFABIWLYS!

Mae Sinderela yn brawf bod prynu pâr o sgidia yn gallu newid eich bywyd am byth.

Jyst prynwch y sgidia 'na, ffor god sêc. Does na'm sens mewn bod y corff mwya cyfoethog yn y fynwant, nag oes?

JINGILARINS

Ma'r bydysawd 'ma 'di rhoi'r corff 'ma i fi, felly dwi am 'i addurno fo, a ddyliach chi neud yr un peth! Fy fersiwn i o *less is more* ydi 'mwy – pam lai?' Pam dach chi'n meddwl bod coed Dolig mor boblogaidd?

Ma unrhyw steil yn iawn heblaw bo chi ddim

yn edrach fatha rhyw hen Ddrag Cwîn.

BETH I'W OSGOI?

"Ma streipiau yn mynd ar draws yn gneud i chi edrych yn dew," medda nhw. Dydi hyn ddim yn wir, a peidiwch â gwrando ar unrhyw un sy'n rhoi'r cyngor gwirion yna i chi. Na, gwrandwch ar Maggi rŵan. Yr unig streipiau ar draws sy'n ych gneud chi'n dew ydi'r streipiau mewn Viennetta neu lasagne.

Peidwch byth â gwisgo *beige*. Rarglwydd mawr, be sy matar efo pobl sy'n gwisgo *beige*, dwch! Mae'r byd 'ma'n llawn lliwia – defnyddiwch nhw, wir Dduw! *Beige is for the boring*!

POBL FFABIWLYS

Fy ysbrydoliaeth i ydi'r eicon steil, Angharad Mair! O, ma hi wastad yn edrych yn gorjys, yn tydi? Mae'n amlwg bod y ddwy ohonon ni'n prynu o'r un catalog!

FFRINDIA FFABIWLYS

Fedrwch chi ddim dewis ych teulu ond mi ydach chi'n dewis ych ffrindia. Ma ffrindia werth y byd, yn dydyn? Neith ffrind da ych helpu chi i symud tŷ, ond mi neith ffrind gora ych helpu chi i symud corff – a'i gladdu! Chwara teg.

Joyce a Kate 'di'n ffrindia gora i. Joyce o'r Felin 'di un, a Kate o Kensington 'di'r llall. Ma nhw'n halen y ddaear!

TIPS PARTI!

Pryd ma parti'n troi i fod yn barti go iawn? Pan dwi'n cyrradd!

Agwedd ydi'r tric. Ma'n rhaid i chi fynd i barti gan feddwl fod pawb arall yna jyst i'ch gweld chi, ac ma'n rhaid i chi fyhafio felly.

CYN Y PARTI

Un peth dach chi deffinitli isio osgoi cyn mynd i'r parti ydi gwartheg ...

*Y*n arbennig rhai sy'n rhechan yn wlyb!

YN Y PARTI

Pa mor hwyr ddyliach chi gyrradd? Cyn i'r chwdu ddechra neu cyn i bobl ddechra pasio goriada rownd.

OMB! Peidiwch byth â byta'r bwffe bys-a-bawd ym mharti Dolig yr artiffisial inseminêtyrs. *Trystiwch fi!*

*O*s dach chi'n gorfod delio efo pobl blin mewn parti, rhowch sosej goctel iddyn nhw a disgrifiwch ych diwrnod yn hel sampl gan y tarw.

*O*s dach chi'n teimlo'n ddihyder am eich gwisg, sefwch mor agos â fedrwch chi at ffashiyn disastyr mwya'r stafall.

AR ÔL Y PARTI

Ar ôl dod adra o'r parti ma'r tanc slyri'n medru bod yn reit handi … sbario neud llanast yn tŷ, yn dydi, cariadon?

TIPS SUT I FOD YN FFABIWLYS A THEIMLO'N DDA!

Dwi'n dallt yn iawn bod bywyd yn anodd weithia, yn enwedig pan ma'r byd a'i bobl yn edrych fel bod nhw i gyd yn mynd i uffern ar gefn tractor du … ond, dwi 'di dysgu ambell ffordd o ymdopi dros y blynyddoedd.

Y tric ydi … cadw ysbryd ysgafn, peidio cymryd eich hun yn rhy siriys, a chwerthin mor aml â fedrwch chi … o ia, ac iwsiwch ddigon o gliter!

*O*s 'di bywyd byth yn mynd yn drech na chi, bytwch frechdan jam! Ma'n llawn ffrwytha iachus, ma'n eidîal i leinio'ch stumog chi cyn noson allan ac mi neith o godi'ch calon, dwi'n addo i chi!

Ma pawb yn ca'l ryw ddiwrnod lle ma nhw'n teimlo chydig bach yn 'off'. Mi dwi'n 'u cael nhw hefyd, cofiwch … amball ddiwrnod lle dwi mond yn edrych yn 'dda' a ddim yn 'ffabiwlys'!

Cofiwch rŵan, ma'n cymryd lot o *balls* i edrych mor ffabiwlys â fi! Ma'n rhaid i chi gymryd ambell i risg.

Peidiwch ag amgylchynu'ch (seren aur iaith i fi!) hun efo pobl *negative*. Ma nhw mond yn flin achos bo nhw ddim mor ffabiwlys â chi!

Dewisiwch fod yn llawen bob dydd. Ma 'na ddigon o hen grincs annifyr yn 'rhen fyd 'ma, ac ma gynnon ni gyd gyfrifoldeb i ddŵad â gorfoledd a hapusrwydd i fywyda pobl. Gwnewch hynny – ma'r hen fyd 'ma'n dibynnu arnach chi, gyfeillion! (Www, ddylia fi iwsho'r leins motifeishynal 'ma yn Cwîn's *Speech* fi dwrnod Dolig, yn dylswn?)

Wel, 'nghywion bach aur annw'l i.

Dyna fi 'di rhannu rhai o 'nhop tips efo chi.
Gobeithio'ch bo chi 'di mwynhau a cha'l chydig o help gen
i. Dwi jyst â marw ffansi panad a brechdan jam rŵan.
'Sna'm byd gwell i roi rhyw fŵst bach ganol pnawn i chi.

Eniwê … diolch am ddarllan, a chofiwch, pan dach
chi'n teimlo chydig bach yn beige a di-sbarcyl, y cyfan sy
angan i chi neud ydi estyn am y glitz, gwisgo rhwbath
glam a gneud brechdan jam!

Go fforth, ffrindia, a byddwch yn hollol ffabiwlys!
Twdlŵ a mwa!

Maggi xx